CHARLOT 5/6,

IMITATION BURLESQUE EN 5 ACTES ET EN VERS
DE L'OPÉRA DE CHARLES VI.

(Par Yvert Desmieux, d'après Gouz...

AMIENS,
TYPOGRAPHIE DE E. YVERT,
Rue Sire-Firmin-Leroux, 26.

1847.

Personnages.	Acteurs.
Charlot 3/6, marchand de vin...	MM. MORTREUIL.
Charlot, son fils.........	ERNEST.
Fortbête, brasseur.......	VUILLEMET.
Boitdubon, cabaretier......	CARRÉ.
Gardaelle, femme de Charlot 3/6.	Mmes DUVAL.
Follette, fille de Boitdubon...	FIRMIN.
Un enfant............	

Garçons marchands de vin.
Garçons tonneliers.
Garçons brasseurs.
Quatre spectres.
Garde du commerce, — Huissiers, — Créanciers, — Jeunes garçons, — Jeunes filles.

CHARLOT 3/6.

ACTE PREMIER.

Le théâtre représente l'intérieur du cabaret de Boitdubon.

SCÈNE I.

BOITDUBON, FOLLETTE, jeunes garçons, jeunes filles.

CHOEUR.

Air : *Quel désespoir !*

Quel désespoir !
Tu nous quittes donc, Follette ;
Quel désespoir !
Quand pourrons-nous te revoir ?

UNE JEUNE FILLE.

Bien loin de la guinguette
Où nous dansions le soir,
Tu vas donc, ô Follette,
Briller dans un comptoir ?..

CHOEUR.

Quel désespoir ! etc.

FOLLETTE.

O vous que je regrette,
Croyez en mon espoir,
Grande dame ou grisette,
Je reviendrai vous voir.

CHOEUR.

Quel désespoir ! etc.

BOITDUBON.

Avec moi conviens-en : ce qui te tient au cœur,
C'est surtout de quitter certain jeune amateur,
Fort aimable garçon, amoureux très agile
Qui te faisait danser la polka chez Mabille
Mais ne t'alarme point ; dès que tu reviendras,
Tu le retrouveras et tu l'épouseras.

FOLLETTE.

Pauvre Charlot !

BOITDUBON.

C'est vrai, je ne le crois pas riche,
Car pour toi, de cadeaux il se montre un peu chiche ;
Sans m'exposer beaucoup j'oserais parier
Que ce brave garçon n'est pas fils d'un banquier.
A voir sa mine pâle et sa mise un peu mince,
Il me fait tout l'effet d'un acteur de province,
D'un malheureux ténor, constamment enrhumé,
Et qui, par le sifflet se trouve réformé.
Charlot ! le triste nom !

FOLLETTE.

Oubliez-vous mon père
Que ce nom de Charlot qu'il faut que je révère
Est justement celui du malheureux parrain
Dont je vais en ce jour adoucir le chagrin ;
Dont je dois, ramenant l'inconstante pratique,
Faire, autant qu'autrefois, prospérer la boutique ?...

BOITDUBON.

Oh ! oui, j'en ai l'espoir ; oui, ce n'est pas en vain
Qu'aux cliens de Charlot tu verseras du vin !
Tu te mettras en eau, ma fille, pour leur plaire,
Et tu sauras du sort détourner la colère,
Sur ces brasseurs maudits, ces enfans d'Albion,
Dont la cupidité, l'atroce ambition

Veut faire prévaloir, par un manège indigne,
La bierre sur le vin, le houblon sur la vigne!

FOLLETTE.

Parlez moins haut, papa; quittez cet air mutin.
Je crois que vous avez un peu bu, ce matin?

BOITDUBON.

Ah! quand pourront encor mes joyeuses oreilles
Jouir du choc si doux des verres, des bouteilles!
Quand donc, te reprenant, mon vieux tirebouchon,
T'enfoncerai-je encor, non dans le vil cruchon
D'où s'échappe, en moussant, une bierre insipide,
Mais dans l'heureux goulot d'où brillant et limpide,
Jaillit en flots charmans le doux jus des coteaux
Où mûrissent Bourgogne et Champagne et Bordeaux,
Puis, au front insolent d'usurpateurs avides,
Envoyer mes flacons, mais lorsqu'ils seront vides!

FOLLETTE.

Papa, modérez vous et craignez le micmac.

BOITDUBON.

Soit : pour me consoler, je vais boire un Cognac.
Avant de me quitter, ma fille, fais-toi belle,
Et souviens toi toujours, adroite demoiselle,
Que pour accaparer le chaland curieux,
Ma chère, il faut toujours le prendre par les yeux.

FOLLETTE.

Oui, papa.

BOITDUBON.

 Sans adieu.

SCÈNE II.

Les précédens, excepté FOLLETTE.

BOITDUBON.

    Libre, ne lui déplaise,
Je puis donc maintenant tempêter à mon aise;

Sur une boisson froide, et fade en son aigreur,
Je puis donc à mon gré déployer ma fureur !
Ça, mes amis, buvons !...

LES HOMMES.

Buvons !

BOITDUBON.

Quelques bouteilles
D'un nectar dont bientôt vous me direz merveilles.
C'est moi, mes bons amis, qui suis votre échanson,
Et vous allez, de plus, entendre ma chanson.

UN HOMME.

Tu sais boire et chanter ?

BOITDUBON.

Le ciel me fit la grace
D'une très-belle voix, d'une superbe basse.
Répétez un refrain dont chacun est ravi.
Attention, messieurs ; musique d'Halévi.

La France a l'horreur d'un breuvage
Qui se compose avec de l'eau.
Jamais nous ne ferons usage
Que du jus divin du tonneau,
Lui seul est bon, lui seul est beau.
Vienne le jour de la bombance
Des cœurs ce vieux cri sortira,
De nos gosiers il partira :
Guerre aux brasseurs ! jamais dans notre panse,
Jamais la bierre n'entrera !

CHOEUR.

Guerre aux brasseurs ! etc.

SCÈNE III.

Les précédens, CHARLOT.

CHARLOT.

Courage !

LES HOMMES.

C'est Charlot!

CHARLOT.
Avec toi, j'entre en lice.

BOITDUBON.

Qui t'apprit ma chanson?

CHARLOT.
Eh parbleu! ma nourrice,
Gaillarde qui chantant plus d'un joyeux refrain,
Renouvelait son lait, en avalant du vin.
Sans prétendre sur vous l'emporter dans la joute,
Moi, voici le couplet qu'à vos couplets j'ajoute.
Je l'ai rimé moi-même, et j'ose présumer
Qu'un tant soit peu chicard il saura vous charmer :

  Réveille toi vigne flétrie
  Qu'engourdirent les aquilons,
  Déjà sur ta tige chérie
  Pointent d'innombrables bourgeons,
  Espérance de nos flacons.
  Vienne le jour de la vendange,
  Ce vieux cri des cœurs sortira,
  De nos gosiers il partira :
Vive le vin ! à nous, noble phalange,
  Jamais le vin ne manquera !

CHOEUR.

Vive le vin ! etc.

SCÈNE IV.

Les précédens, GARÇONS BRASSEURS.

UN GARÇON.

Ivrognes enragés! voulez-vous bien vous taire.

BOITDUBON.

Dieu me damne! ce sont ces brasseurs d'Angleterre!

UN GARÇON.

Si vous avez encor l'audace de chanter
Nous allons, sur le champ, braillards, vous éreinter.

BOITDUBON.

La tapette qui sert à boucher mes bouteilles
Va te clore le bec et taper tes oreilles.
Crois-tu, méchant Goddem, que l'on ait peur de toi?
Que tu puisses venir nous faire ici la loi?

(*A Charlot*).

Chante, et si ta chanson leur semble hétérodoxe,
En avant la bataille, et commençons la boxe.
Nous allons leur prouver qu'en fait de coups de poing,
A des gens comme nous on n'en remontre point.

CHARLOT.

Jamais, jamais la bierre anglaise
Chez nous, ne pourra l'emporter;
Le vin, cette liqueur française,
Vaut mieux que ce poison amer
Que l'on appelle *Ale* ou *Porter*.
Vienne pour nous l'instant de boire,
Et notre voix répétera,
Et du cœur ce cri partira :
Vive le vin! dans notre réfectoire,
Jamais la bierre n'entrera.

CHOEUR.

Vive le vin! etc.

SCÈNE V.

Les précédens. GARDAELLE, FORTBÊTE.

GAÇON BRASSEUR.

Il faut les assommer!

BOITDUBON.

Approchez donc, canaille!

GARDAELLE.

Que veut dire ceci? je crois qu'on se chamaille?..

CHARIOT (à part).

Diable ! ma belle mère !
(bas à Boitdubon).

Il est hors de saison
Que cette dame, ami, me voie en ta maison.
Elle a, pour des billets protestés en justice,
Prise de corps sur moi.

BOITDUBON (bas à Charlot).

Passe dans la coulisse.

(Charlot sort).

GARDAELLE.

Fortbête, renvoyez ces tapageurs maudits.
Vous savez quel motif m'amène en ce taudis.
A cette extrémité je me trouve réduite,
Car je dois, sans retard, engeoler la petite
Qu'à mon mari l'on prête... à ce malheureux fou,
Qui, tout cassé qu'il est, veut faire encor joujou.
Avec joli minois il veut le tête à tête.

FORTBÊTE (à part).

Pour un vieux fou, ma foi ! ceci n'est pas trop bête.

GARDAELLE.

Pardonnez ; mais d'ici je dois vous renvoyer.

FORTBÊTE.

Madame, loin de vous, je vais bien m'ennuyer.

GARDAELLE.

Allez, pour égayer l'instant qui nous sépare,
A votre estaminet allumer un cigarre.

FORTBÊTE.

Ah ! ce que je voudrais, avant tout allumer
C'est ton cœur, Gardaelle !..

GARDAELLE.

Allez-vous en fumer.

FORTBÊTE.

J'obéis, et j'emmène avec moi mon cortège.
En quel lieu, belle dame, et quand vous reverrai-je?

GARDAELLE.

Ce soir, au Château Rouge, en un sombre bosquet
Où nous pourrons braver tout insolent caquet.

FORTBÊTE *(à ses garçons)*.

Vous, messieurs, en avant ; et, dans notre chaudière,
Allons faire bouillir un déluge de bierre.
Cette liqueur, madame, a su vous amorcer,
Et, pour votre plaisir, je vais vous en brasser.

(Il sort avec ses garçons).

BOITDUBON *(à part)*.

Que le diable t'emporte avec ta brasserie !

SCÈNE VI.

GARDAELLE, FOLLETTE, BOITDUBON.

GARDAELLE.

Est-ce là votre fille?.. Approchez-vous ma mie.

BOITDUBON *(à part)*.

Soit dit tout bas, la dame a le ton aigre-doux.

GARDAELLE *(à Boitdubon)*.

Faites moi le plaisir...

BOITDUBON.

Hein ?

GARDAELLE.

De rentrer chez vous.

SCÈNE VII.
GARDAELLE, FOLLETTE.

GARDAELLE.

Votre âge ?

FOLLETTE.

Dix-huit ans.

GARDAELLE.

(A part).

Dix-huit ans ! l'insolente,
A moi, qui, dans trois jours, vais en avoir quarante,
Dire ça ! j'en éprouve un dépit étouffant.
(Haut).
Si jeune ! en vérité ? vous n'êtes qu'une enfant.

FOLLETTE.

Oh non ! grace à l'élan d'un siècle qui progresse,
Dix-huit ans aujourd'hui, ce n'est plus la jeunesse,
C'est l'âge mûr, et si j'en crois plus d'un écho,
A vingt ans l'homme est vieux, à trente ans rococo,
A quarante ans perruque, à cinquante ans momie,
Et fossile à soixante.

GARDAELLE.

Écoutez, chère amie :
J'approuve de bon cœur le choix qu'on fait de vous,
Comme garde-malade auprès de mon époux.
Le pauvre homme est bien bas ; je pourrais dire même
Qu'il touche, ou peu s'en faut, à son second baptême,
C'est à dire, ma chère, à l'extrême-onction.
Vous serez donc exacte à votre fonction ;
Votre bras quelquefois lui servira de canne,
Et le matin, le soir, lui donnant sa tisanne,
S'il se plaint, par hasard, que son goût soit amer,
Vous répondrez : bah, bah ! car le sucre est bien cher ;
Et je compte sur vous, ma jeune et belle amie,
Pour soigner le bonhomme... avec économie.

FOLLETTE.

Je ferai mon devoir.

GARDAELLE.

Ce n'est pas encor tout.
Quoique je sois bavarde, écoutez jusqu'au bout.
Mon mari, quelquefois, se croyant seul, marmotte
Certains mots mal-séans, et contre moi radotte.
A l'entendre, il végète, il tremble sous ma loi :
Or, vous me redirez tout ce qu'il dit de moi.
Vos oreilles, chez lui, seront donc attentives
A ce qu'entre ses dents...

FOLLETTE.

Il n'a que des gencives !

GARDAELLE.

Soit ; enfin, dans sa chambre, il faut tout écouter,
Vous souvenir de tout, et tout me rapporter.

FOLLETTE.

De vous désobéir, madame, je n'ai garde ;
Je serai, pour vous plaire, espionne et moucharde.

GARDAELLE

Très bien. Si, par hazard, ce fantôme idiot
Sur ce qui l'intéresse osait risquer un mot,
Sans perdre un seul instant, coupez-lui la parole,
Et ne l'entretenant que d'un sujet frivole,
Ecartez avec soin de vos discours prudens
Son comptoir, son commerce et ses correspondans.

FOLLETTE.

Afin de l'endormir de façon plus commode,
Je lui lirai souvent les romans à la mode.

GARDAELLE.

A merveille, ma chère, un reste de raison,
Des maux de son esprit peut aigrir le poison,

Il faut donc, lui contant quelqu'histoire jolie,
Bien loin de la guérir, égayer sa folie.

FOLLETTE.

C'est fort ingénieux.

GARDAELLE.

En un mot, je prétends
Que vous le gouverniez ainsi que je l'entends;
Mâtez-le de la sorte enfin, qu'il se souvienne
De tout ce que je veux que sa tête retienne....

FOLLETTE (à part)

Elle en tient, en effet.

GARDAELLE.

Qu'au gré de mon désir,
Il puisse, grace à vous, perdre le souvenir.
Maître dans la maison, il y ferait tapage;
Il faut, pour son bonheur, qu'il reste en esclavage,
Et que, nous évitant un mutuel ennui,
Il me laisse régner et gouverner sans lui.
Vous comprenez?

FOLLETTE.

Très bien.

GARDAELLE.

Et, si je suis contente,
Si vous vous montrez sage, active, intelligente,
En sus d'appointemens qui certes seront bons,
Je vous gratifierai de tous mes vieux jupons,
De tous mes vieux bonnets; enfin de ma défroque!
D'où vous vient cette chaîne en métal équivoque...
Répondez, s'il vous plait?.. de qui la tenez-vous?
Serait-ce, par hazard, dites, de mon époux?
L'auteur de ce cadeau, je veux qu'on me le nomme?
Est-ce mon mari?

FOLLETTE.

Non ; c'est un petit jeune homme.

GARDAELE.

Ton amant?

FOLLETTE.

Mon futur, madame, s'il vous plaît.

GARDAELLE.

Soit ; mais je veux savoir à l'instant quel il est.

FOLLETTE.

C'est un joli garçon, madame, je vous jure.

GARDAELLE.

Je ne te parle point ici de sa figure.
Son nom, entends-tu bien ? voilà ce qu'il me faut.

FOLLETTE.

Pourquoi vous le tairais-je ? il se nomme Charlot.

GARDAELLE.

(*A part*).   (*Haut*).

C'est lui-même ! Où vient-il pour te conter fleurette ?
Où vous rencontrez-vous ? dis ?

FOLLETTE.

Dans cette guinguette.

GARDAELLE.

Ce soir, fais qu'il ne puisse, entends-tu, s'éloigner.

FOLLETTE.

Et pourquoi, s'il vous plaît ?

GARDAELLE.

Pour le faire empoigner.
C'est un mauvais sujet, un bandit.

FOLLETTE.

　　　　　　　　　　　　　　Lui, madame?
GARDAELLE.

Oui, c'est un vagabond, un chenapan infame,
Un mauvais débiteur qu'avant deux jours d'ici,
J'aurai, grace à tes soins, fait camper à Clichy ;
Car, prenant aux cheveux l'occasion qui s'offre,
Sans pitié ni retard, aujourd'hui je le coffre.
Mais avant qu'en sa geole on puisse l'installer,
Lui-même, je le crains, pourrait bien t'engeoler.
　　　(*A part*).
Prends y garde ! Il est temps d'abandonner ce bouge,
Fortbête en ce moment, m'attend au Château rouge.
　　　(*Haut*).
Retiens bien mes leçons, au revoir.

　　　　　　　　　　　　　　(*Elle sort*).

SCÈNE VIII.
FOLLETTE (*seule*).

FOLLETTE.

　　　　　　　　　　　　　　Quel malheur !
Charlot un chenapan ! un bandit ! un coureur !
Qui bien loin d'expier les fautes qu'il a faites,
Peut aujourd'hui se voir emprisonné pour dettes !
Débiteur insolvable, en flouant mon parrain,
Il a bien mérité son rigoureux destin ;
Aussi, loin de combler l'espoir dont il se berce,
Je vais l'abandonner au garde du commerce.
Et pourtant je l'aimais ! ah ! qu'il ne vienne pas !

SCÈNE IX.
CHARLOT ; FOLLETTE.

CHARLOT (*à part*).

Je la revois enfin ! mon Dieu ! qu'elle a d'appas !
Ou ce soir, ou jamais ! (*Haut*) Follette !

FOLLETTE.
Qui m'appelle?

CHARLOT.
Ne reconnais tu pas Charlot? c'est moi, ma belle,
C'est l'amant qui t'adore....

FOLLETTE.
Ah! monsieur, laissez-moi.

CHARLOT.
Monsieur!. pourquoi ce nom? et d'où vient ton effroi?

FOLLETTE.
Je vous connais enfin, jeune homme malhonnête.

CHARLOT.
Alors, pardonne moi.

FOLLETTE.
Non vraiment; pas si bête!

CHARLOT.
Dans mes bras t'enlaçant, je veux, ô mes amours!..

FOLLETTE.
A bas les mains, monsieur! ou j'appelle au secours.
Je vous quitte.

CHARLOT.
Tu pars?

FOLLETTE.
Il m'attend.

CHARLOT.
Ciel! qu'entends-je?..
Ah! quel qu'il soit cet *il*, il faut que je me venge!
Quel est-il?

FOLLETTE.
Comme vous, il se nomme Charlot;

Il est vieux, il est laid, et de plus idiot.

CHARLOT.

Idiot, vieux et laid ! Fille que je révère,
A ce signalement, j'ai reconnu mon père.

FOLLETTE.

Pas possible !

CHARLOT.

   Si fait.

FOLLETTE.

      Par bonheur, aujourd'hui,
O mon bel amoureux ! vous tenez peu de lui.

CHARLOT.

Pas même un peu d'argent, car mes poches sont vides.

FOLLETTE.

Plus tard, elles seront sans doute moins arides.
Mais, Charlot, mon ami, vous devez m'oublier.

CHARLOT.

T'oublier ! oh ! jamais.

FOLLETTE.

      Sans vous mésallier,
Vous, fils du grand Charlot que la Courtille vante,
Pouvez-vous épouser une pauvre servante ?

CHARLOT.

Sans doute, car je t'aime !

FOLLETTE.

      O trêve de douceurs ;
Et songez bien plutôt à punir ces brasseurs,
Dont les affreux complots, les manœuvres iniques,
A votre triste père enlèvent ses pratiques,
Et veulent envahir son noble cabaret.

CHARLOT.

Ton accent, ô Follette! a porté leur arrêt.
Avant que ces brasseurs l'emportent sur mon père,
Je les aurai, morbleu! tous noyés dans leur bierre.

FOLLETTE.

A la bonne heure enfin ; c'est parler comme il faut ;
Voilà comme je t'aime, ô mon brave Charlot !

CHARLOT.

Entre mon père et moi, grace à ton doux langage,
Tu scelleras, Follette, un bon rapatriage.

FOLLETTE.

Oui, Charlot. Mais on vient. Dieu! ce sont des huissiers!

CHARLOT.

Mes anglais ?...

FOLLETTE.

    Oui, Charlot, ce sont tes créanciers !

CHARLOT.

Où fuir ?.. je ne veux pas que leur bande m'écroue.

FOLLETTE.

Ah! cette corde à puits! viens que je te la noue
Autour du corps; par là, mon cher, tu descendras;
Dans la Seine, qui coule en bas, tu nageras,
Et gagnant un bateau qui sert au blanchissage,
Aisément tu pourras parvenir au rivage.
Futur marchand de vin, par le secours de l'eau,
Tu te verras sauvé !

CHARLOT.

    Ceci n'est pas nouveau.
Filons.

(Il saute par la fenêtre).

SCÈNE X.

FOLLETTE, *Une bande de recors et de créanciers, précédée d'un garde du commerce.*

FOLLETTE.

Que voulez-vous?

LE GARDE.

Arrêter un jeune homme...

UN CRÉANCIER.

Débiteur, envers moi, d'une très forte somme.

FOLLETTE, *leur montrant la croisée.*

A l'Ouest, que voyez-vous, messieurs, en cet instant?

LE GARDE.

Le soleil qui se couche.

FOLLETTE.

Allez en faire autant.

(*Ils sortent furieux en regardant Follette qui les raille*).

ACTE SECOND.

Un salle de la maison de Charlot 3jC.

SCÈNE I.
GARDAELLE, FORTBÊTE, INVITÉS.

CHOEUR.

Air du Carillon de Dunkerque.

Célébrons la maîtresse,
La généreuse hôtesse,
Qui, *gratis pro Deo*
Nous donne à boire à gogo.

UN INVITÉ.

En pleine canicule,
Quand le soleil nous brûle,
Si la bierre a du bon,
Le vin donne du ton.

CHOEUR.

Célébrons, etc.

GARDAELLE.

Virtuoses fameux, vous avez fait merveilles,
Mais votre chant commence à lasser mes oreilles ;
S'il continue encor, je crois qu'il finira,
Messieurs, par m'endormir, tout comme à l'Opéra,
Théâtre fort coûteux à l'époque où nous sommes.

FORTBÊTE.

Au public qu'il endort, il rend sommes pour sommes.

GARDAELLE.

Fortbête, c'est fort bien ce que vous dites là ;
Le jeu de mots me plaît. Mais laissons tout cela,

Et quittant des beaux arts les vaporeuses sphères,
Descendons maintenant aux terrestres affaires.
Le moment de conclure est enfin arrivé :
Jetez donc un coup d'œil sur ce sous-seing-privé,
Grace à lui le moutard mis sous votre tutelle,
Aura notre boutique et notre clientelle ;
Sans réserve, à lui seul, notre bien est cédé,
Charlot, mon cher beau-fils étant dépossédé.

FORTBÊTE.

Ces trésors qu'à nos mains votre époux abandonne,
Madame, c'est à vous qu'en ce jour il les donne ;
C'est vous qui régnerez encor dans ce comptoir
Où les chalands séduits se plaisent à vous voir ;
Et trop heureux serai-je, ô belle usufruitière,
D'être de votre fonds le nu-propriétaire.

GARDAELLE.

Flagorneur !

FORTBÊTE.

   Nullement. Mais pour nous enchanter,
Madame, à votre tour, daignez...

GARDAELLE.

     Quoi donc ?

FORTBÊTE.

       Chanter.
A vos accens ici chacun sera sensible.

GARDAELLE.

Vous me priez envain, cela m'est impossible.

FORTBÊTE.

Pourquoi ?

GARDAELLE.

   Je suis grippée ; à votre dernier bal,
Un petit vent coulis m'a fait le plus grand mal.

FORTBÊTE.

Il a de votre voix offensé le beau tube ?...
Quel dommage ! acceptez ce morceau de jujube...
Or, pour en revenir à l'acte en question,
Je le trouve parfait dans sa rédaction ;
En lui pas une clause, admirablement claire,
Qui n'offre un beau modèle au plus parfait notaire.
Jamais en meilleur style, en termes plus précis,
Un père n'a, ma foi ! déshérité son fils.
Mais au bas de cet acte, approuvant l'écriture,
Il faut que votre époux mette sa signature.
C'est là le *hic.*

GARDAELLE.

Ce soir, je le fais signer, ou
Je suis femme...

FORTBÊTE.

A quoi donc ?...

GARDAELLE.

A lui tordre le cou.

FOLLETTE.

Je ne m'oppose point à ce transport superbe,
Ce que femme veut, Dieu le veut, dit le proverbe,
Et je ne doute pas qu'au Ciel il ne soit doux
De vous voir, en ce jour, étrangler votre époux.

GARDAELLE.

Mon cher, en vérité, vous êtes trop aimable !
Mais la soupe est servie, allons nous mettre à table.

(*Il sortent*).

SCÈNE II.

CHARLOT 3/6.

CHARLOT 3/6.

J'ai faim... j'ai soif ! hélas ! à moi, pauvre vieux fou,
On ne donne pas même un petit pain d'un sou.

Tandis que creux et froid, l'estomac me tiraille,
Ma femme et ses amis sont là qui font ripaille.
Sans égard, sans scrupule, ils me grugent mon bien,
Mangent tout, boivent tout, et ne me laissent rien.
Sous le joug de l'hymen nous retenant de force,
Ah! pourquoi n'a-t-on pas rétabli le divorce!...
J'aurais, par ce moyen, loin de faire pitié,
Lâché, depuis long-temps, mon indigne moitié;
Belle encor, j'en conviens, mais femme sans vergogne,
Que Molière, en son temps, intitulait : carogne.
Ils s'amusent, les gueux! ils dansent, les vauriens!
Ah! dans ton jeune temps, Charlot, tu t'en souviens,
Toi, tu dansais aussi! Sous un habit fantasque,
J'agaçais la beauté qu'épouvantait mon masque,
Mais qui, grace aux accens que modulait mon cœur,
Se rassurant bientôt, me nommait son vainqueur.
Ah! c'est pour expier ces douces peccadilles,
Qu'une nuit, m'escrimant dans de joyeux quadrilles,
J'entendis mille voix qui, dans ce même lieu,
Ici, faisaient vibrer ce cri terrible : Au feu!
En désolation se convertit la fête,
Et ce désordre affreux me fit tourner la tête.
La *Providence* avait garanti ma maison,
Mais n'avait point, hélas! assuré ma raison!
Aussi, je la perdis, mon Dieu! que ne puis-je être
Hors de ces lieux maudits, fût-ce même à Bicêtre!
Je rêvais tout-à-l'heure; il me semblait, à moi,
Pauvre diable insensé, que j'étais un grand roi!
Peut-on pousser plus loin l'erreur et la démence?
Moi roi! mais malheureux, où donc est ta puissance?
Où sont tes courtisans, ton peuple, tes soldats?
Moi roi! dérision! non je ne le suis pas.
Ce qui fait aujourd'hui le roi le plus habile,
C'est surtout, je le crois, c'est sa liste civile,
Et je n'ai pas un liard. Dînons en songe.

(Il s'assied et s'endort).

SCÈNE III.

CHARLOT 3/6, FOLLETTE.

FOLLETTE.

Il dort.

Monsieur, réveillez-vous !

CHARLOT 3/6.

Non.

FOLLETTE.

Pourquoi ?

CHARLOT 3/6.

Je suis mort.

FOLLETTE.

Le voilà retombé dans sa rêvasserie.
On l'aura fait jeûner trop long-temps, je parie.
La vigueur, cependant, bientôt lui reviendra,
Lorsque par mes bons soins tout à l'heure il saura
Que son brave garçon, à qui je suis si chère,
Demain, au cabaret, l'attendra chez mon père.
Mais de ce lourd sommeil il faut qu'il soit tiré.
Monsieur, réveillez-vous !

CHARLOT 3/6.

Non ; je suis enterré.

FOLLETTE.

Non, vous ne l'êtes pas ; vous ronflez d'une sorte
A me ressusciter, si Follette était morte.
Pour vous remettre un peu la tête et l'estomac,
Ici je vous apporte un flacon de Cognac,
Puis encor, mon cher maître, un gâteau de Nanterre.
Ceci, pour votre état, sera plus salutaire,
Vous restaurera mieux que plus d'un beau couplet
Dit par madame Stolz à monsieur Baroilhet.

CHARLOT 3/6.

Les morts ne mangent plus, ne boivent plus, ma chère.
Ils n'ont ni faim, ni soif, quand ils sont dans la bière.

FOLLETTE.

Si, comme on le prétend, rien n'est beau que le vrai,
Il faut, à ce langage, applaudir sans délai ;
De telles vérités sont faites pour confondre,
Et contr'elles, ma foi ! l'on a rien à répondre.
Seule, donc, je vais boire et manger.

CHARLOT 3/6.

       Par pitié !
De ton joli repas, garde-moi la moitié.

FOLLETTE.

Ah ! je me doutais bien qu'affriolant sa bouche,
Je ferais à monsieur perdre son air farouche.

CHARLOT 3/6.

Gourmande, laisse m'en.

FOLLETTE.

    Maître, tout est pour vous.

CHARLOT *(3/6 mangeant et burant)*.

Que ces gâteaux sont bons ! que ce breuvage est doux !

FOLLETTE.

Du trois-six ! excusez : si sa tête est débile,
Son gosier me paraît solide autant qu'habile,
Car l'alcool y passe avec son feu d'enfer,
Comme passe un convoi sur le chemin de fer..

CHARLOT 3/6.

Maintenant, ma chérie, avant que tu ne partes,
Nous allons, si tu veux...

FOLLETTE.

Quoi donc?

CHARLOT 3/6.

Jouer aux cartes.

FOLLETTE.

Très volontiers. Quel jeu préférez-vous?

CHARLOT 3/6.

Ma foi,
Cela m'est fort égal; je m'en rapporte à toi.

FOLLETTE.

Au Mariage?

CHARLOT 3/6.

Oh non!

FOLLETTE.

Pourquoi donc?

CHARLOT 3/6.

Il m'hébète;
Et de ce jeu maudit j'ai par-dessus la tête.

FOLLETTE.

Le Piquet vous va-t-il?

CHARLOT 3/6.

Me traitant comme un sot,
On ne m'a que trop fait et repic et capot,
Et je dois à ce jeu ne plus me laisser prendre.

FOLLETTE.

L'Impériale?

CHARLOT 3/6.

Non; tu me ferais descendre.

FOLLETTE.

L'Écarté vous plait mieux ?

CHARLOT 3/6.

Il sut me captiver,
Mais à marquer cinq points puis-je encore arriver ?
Il me présente envain sa séduisante amorce,
Pour lutter avec toi, je ne suis plus de force.

FOLLETTE.

Eh bien ! jouons, monsieur, un petit jeu d'enfant :
La Bataille ?

CHARLOT 3/6.

Très bien ! j'y serai triomphant.
(Ils jouent).
J'en ai l'espoir. Un as.

FOLLETTE.

Un valet.

CHARLOT 3/6.

Je l'emporte.

FOLLETTE.

Un neuf.

CHARLOT 3/6.

Un dix : bravo ! j'augmente ma cohorte.
Les rouges, dans tes mains, sont ces méchans brasseurs ;
Les noirs sont mes garçons, mes braves défenseurs.
Allons, marchons, frappons et d'estoc et de taille.
Huit contre huit. Très bien !

FOLLETTE.

Roi contre roi.

CHARLOT 3/6 et FOLLETTE.

Bataille !

CHARLOT 3/6.

Je ne puis triompher qu'avec un autre roi,
Et je crains qu'une dame, objet de mon effroi,

Ne ternisse à présent mes lauriers et ma gloire.
Tiens, regarde toi-même.

FOLLETTE.

Alexandre !

CHARLOT 3/6.

Victoire !
Les destins nous font voir, ils se sont prononcés,
Par les marchands de vin, les brasseurs enfoncés !

SCÈNE IV.

CHARLOT 3/6, FOLLETTE, GARDAELLE, FORTBÊTE.

GARDAELLE.

C'est Charlot !

FORTBÊTE.

C'est lui !

FOLLETTE.

Ciel !

CHARLOT 3/6 *(sans voir Gardaelle ni Fortbête)*.

Allons, vite en besogne !
En bouteilles mettons et Champagne et Bourgogne !
O braves compagnons ! sachons venger enfin
Les affronts trop nombreux que l'on fit au bon vin.

GARDAELLE.

Et sur qui vous venger ?

CHARLOT 3/6 *(surpris et à part)*.

Madame Rabat-joie !
C'est, bien certainement, le diable qui l'envoie.
Je sens, à son aspect, renaître mon chagrin.

GARDAELLE *(à Follette)*.

Faites-moi le plaisir d'aller au magasin
Voir si j'y suis.

FOLLETTE.
Madame...
GARDAELLE.
Obéissez-moi ; vite.
CHARLOT 3/6 *(inquiet).*
Follette, où vas-tu donc?
GARDAELLE.
Laissez cette petite.
Avec monsieur Fortbête et ses associés,
A partir d'aujourd'hui, nous sommes alliés,
Et voici le traité qu'en cette conjoncture,
Vous devez revêtir de votre signature.
CHARLOT 3/6 *(hésitant).*
Madame....
GARDAELLE *(impatiente et lui prenant le bras).*
Allons, signez ; mon Dieu ! que de façons.
CHARLOT 3/6 *(se débarrassant de son étreinte).*
Aïe aïe aïe ! à mon bras vous faites des pinçons ;
Vous me serrez trop fort, que diable ! prenez garde !
Ouf !
FORTBÊTE *(bas à Gardaelle).*
Je crains qu'à son nez ne monte la moutarde ;
J'ai vu luire en son œil un très-mauvais vouloir...
GARDAELLE.
Il me résisterait !.. ah ! je voudrais bien voir !..
CHARLOT 3/6 *(tombé dans la rêverie).*
Ah ! combien il est doux, près de jeune compagne,
De gober, tour à tour, l'air pur et le Champagne.
GARDAELLE *(à Fortbête).*
Le voilà qui radotte ; il a changé de ton,
Et se montre à présent aussi doux qu'un mouton.
CHARLOT 3/6.
Je veux revoir Follette et jouer avec elle.

FORTBÊTE.

Il est fort entêté de cette péronnelle.

CHARLOT 3/6.

Mes cartes, je les veux aussi.

GARDAELLE.

Vous les aurez
Avec Follette..

CHARLOT 3/6.

Quand ?

GARDAELLE.

Lorsque vous signerez.

CHARLOT 3/6.

Pour ravoir sans retard mes cartes et Follette,
Je signe aveuglément, et sans lecture faite.
Tenez, voilà mon nom.

(Entrent Follette et la foule).

GARDAELLE.

Que cet heureux traité,
Par tous, avec respect, messieurs, soit écouté :
« Du droit de gouverner, d'exploiter ma boutique,
» Est à jamais déchu Charlot, mon fils unique,
» Qui vis-à-vis de moi s'est fort mal comporté,
» Et le jeune Fortbête est par nous adopté
» Pour palper mon avoir jusqu'au dernier centime,
» A titre d'héritier légal et légitime. »

CHARLOT 3/6 (à Follette, devant qui
il pose son jeu de cartes).

Coupe.

FOLLETTE (A part).

Dans le panneau, donner comme un dindon !
Déshériter son fils !... Ah ! le vieux cornichon !

(Elle lui jette les cartes au nez).

ACTE TROISIÈME.

Le théâtre représente le jardin du cabaret de Boitdubon.

SCÈNE I.
CHARLOT, BOITDUBON, GARÇONS TONNELIERS.

UN GARÇON TONNELIER.

Air : *Vive Henri quatre !*

Vive la treille !
Vive son jus divin !
Cette merveille
Qu'on appelle bon vin,
N'a pas de pareille
Pour noyer le chagrin.

CHOEUR.

Vive la treille ! etc.

CHARLOT.

Béni soit le destin qui pour moi plus prospère,
Va me permettre enfin d'embrasser mon vieux père.
Un aussi grand plaisir va me sembler nouveau,
Et rien que d'y penser, je pleure comme un veau.

GARÇONS TONNELIERS.

Du vin ! du vin ! du vin !

BOITDUBON.

Des gaillards de la sorte,
En bataillant pour vous n'iront pas de main morte.
Ce sont de braves gens, des garçons tonneliers,
Intrépides buveurs, habiles ouvriers,

(30)

Dont la vaillante soif sait vider une tonne
Tout aussi lestement que leur main la façonne.

UN GARÇON TONNELIER.

Ah ! te voilà, Charlot; touche là, mon garçon,
Nous allons aujourd'hui donner une leçon
Un tant soit peu soignée à ces buveurs de bière,
Qu'engraisse à tes dépens ta marâtre si fière.

BOITDUBON.

Silence, et rangeons-nous. Voici papa Charlot.

SCÈNE II.
CHARLOT 3/6, CHARLOT, FOLLETTE, BOIT-DUBON, GARÇONS TONNELIERS.

UN GARÇON TONNELIER.

Le pauvre cher bonhomme a le teint bien pâlot.

(Charlot s'esquive).

CHARLOT 3/6.

Bonjour, mes chers amis. Quelle aimable surprise !
Cette nappe ?...

BOITDUBON.

Oui, vraiment, c'est pour vous qu'on l'a mise.
Maître, vous daignerez, dans un jour aussi beau,
Avec nous boire un coup et manger un morceau.

CHARLOT 3/6 (à part)

Il me fallait venir parmi ces pauvres diables,
Pour trouver des gens bons, des manières aimables !
Follette, où suis-je ici, dis ?

FOLLETTE.

Chez un vieux troupier,
Brave soldat, jadis, et maintenant pompier.

CHARLOT.

Il pompe!... c'est fort bien. A cet état sublime
Ancien marchand de vin, j'accorde mon estime.
Son nom est...

FOLLETTE.

Boitdubon.

CHARLOT 3/6.

Ce nom certes m'est doux.

FOLLETTE.

Mille fois, pour vous plaire, il s'est grisé chez vous.

CHARLOT 3/6.

Que ne puis-je honorer d'aussi beaux sacrifices!

FOLLETTE.

Cher maître, il a reçu le prix de ses services.
Des caves, des tonneaux qui forment votre bien,
On l'a, depuis hier, nommé le gardien.
Aussi le voyez-vous, plein de...

BOITDUBON.

Reconnaissance.

CHARLOT 3/6.

Tu n'y mettras pas d'eau?

BOITDUBON.

J'en donne l'assurance.

CHARLOT 3/6.

Tant de fois dans ma vie, hélas! on me trompa!

FOLLETTE (*bas à son père*).

Il est temps d'aboucher le fils et le papa;
De triompher enfin d'une humeur ennemie.

BOITDUBON (*bas à sa fille*).

Tu ne gagneras rien près de cette momie,
Va.

(*Boitdubon et les ouvriers sortent*).

SCÈNE III.

CHARLOT 3/6, FOLLETTE.

CHARLOT 3/6.

A l'isolement je suis donc condamné ?
Me re-voilà tout seul ; ils m'ont abandonné.

FOLLETTE.

Ah ! songez à ce fils, votre vivante image,
Jadis, à vos côtés, faisant si grand tapage,
Et que, parfois gourmand, paresseux, entêté,
Vos paternelles mains ont si souvent fouetté.
Ah ! vous avez sur lui trop marqué vos tendresses,
Pour n'être pas encor l'objet de ses caresses.

CHARLOT 3/6.

Mon fils ! je m'en souviens. Oh oui ! c'est justement
Parce qu'il m'était cher, que je le rossais tant.
J'en crois ce mot connu, d'une sagesse extrême :
Bien châtier les gens, c'est prouver qu'on les aime.

SCÈNE V.

Les précédens, CHARLOT.

FOLLETTE *(désignant Charlot)*.

Jetez donc un coup d'œil sur ce joli garçon.
Comment le trouvez vous ?

CHARLOT 3/6.

          Il a bonne façon.

CHARLOT.

Papa !

CHARLOT 3/6.

    Moi, son papa !... C'est un nom d'ordinaire,
Qu'on donne impunément à tout sexagénaire.
Je ne puis m'en fâcher.

CHARLOT.

C'est moi, votre Charlot !

CHARLOT 3/6.

Charlot ! ce triste nom est mon malheureux lot.
Pourquoi faut-il, hélas ! que ce jeune homme honnête,
Avec un ton si doux, ait un air aussi bête !

CHARLOT.

Merci du compliment !

FOLLETTE (à Charlot 3/6).

Regardez-le donc bien.
Est-ce que pour lui, là, le cœur ne vous dit rien ?
Sa figure, pourtant, doit vous être connue.

CHARLOT 3/6.

En croirai-je mes yeux ? n'ai-je point la berlue ?

CHARLOT.

Papa !

CHARLOT 3/6.

C'est toi, mon fils !

CHARLOT.

A vos pieds !

CHARLOT 3/6.

Dans mes bras !

FOLLETTE.

Embrassez-vous, mais ne vous étouffez pas.
Modérez cher ami, ce transport fanatique,
Car votre père est vieux et de plus asthmatique ;
En étreignant trop fort son débile estomac,
Vous pourriez aisément lui faire faire *couac*.

CHARLOT 3/6.

Ah ! puisque je retrouve un ami si fidèle,
Ma fortune va prendre une face nouvelle,

Et déjà son courroux semble s'être adouci,
Depuis qu'elle a pris soin de nous rejoindre ici.

CHARLOT.

Ces quatre vers tournés d'une façon divine,
Cher papa, ne sont pas de vous, mais de Racine.

CHARLOT 3/6.

Ils me vont à ravir, puisque, grace au diner,
Dans la vie, avec toi, je veux m'enraciner.
      (On entend un grand bruit).
Mais quel charivari !

SCÈNE V.
Les précédens, BOITDUBON.

BOITDUBON.

    De la part de Madame,
On vient pour vous chercher; son ordre vous réclame.

CHARLOT 3/6.

Et pourquoi, s'il vous plaît ?

BOITDUBON.

    Elle donne un grand bal,
Une fête superbe.

CHARLOT 3/6

  Eh ! ça m'est bien égal.
Qu'elle saute à son gré; qu'elle danse à son aise
Trénits, galop, polka, mazourka, gigue anglaise,
Soit, mais qu'elle me laisse avec mon cher garçon,
Tranquillement causer et vider un flacon.

BOITDUBON.

Vos raisons, j'en conviens, ne sont pas du tout sottes,
Mais votre femme porte...

CHARLOT 3/6.

  Et quoi donc ?

BOITDUBON.
                              Les culottes.
Afin de conjurer de fâcheux embarras,
Il vous faut...

CHARLOT 3/6.
             Je le sais, marcher le front bien bas.
     (A son fils).
Ce soir, quand la chandelle en tout lieu sera morte,
      (Montrant Follette).
Sa main, de mon logis, saura t'ouvrir la porte.

CHARLOT.
Nos braves partisans sont déjà réunis,
Et je vais les chercher..

CHARLOT 3/6.
            Où donc?

CHARLOT.
                              A Saint-Denis.
Puis, afin d'aviser à notre grande affaire,
Je reviendrai, ce soir, par le célérifère.

SCÈNE VI.

CHARLOT 3/6, GARDAELLE, FORTBÊTE et son NEVEU, BOITDUBON, FOLLETTE, *garçons brasseurs, garçons marchands de vin, femmes, enfans.*

GARDAELLE.
Ah ça! monsieur Charlot, vous moquez-vous de moi?
De votre long retard ignorant le pourquoi,
Dans mon impatience, ici, je suis venue.

CHARLOT 3/6.
Ça nous dispensera d'un changement à vue.

Car nous pouvons causer dans ce petit jardin,
Aussi bien que là bas, juchés sur un gradin.

GARDAELLE.

Savez-vous bien, monsieur, ce qu'attend ce cortège ?

CHARLOT 3/6.

Je n'en sais rien du tout.

GARDAELLE.

     Aussi vous l'apprendrai-je.

CHARLOT 3/6.

Eh bien ! que me veut-on ?

GARDAELLE.

     Qu'à l'instant, sans retard,
Pour héritier direct adoptant ce moutard,
Vous le reconnaissiez et fassiez reconnaître
Pour celui qu'après vous nos gens auront pour maitre.

FOLLETTE (à part).

O Ciel !

CHARLOT 3/6 (à part).

 Ceci me semble un peu fort de café ;
Par un juste dépit, je me sens étouffé.

FORTBÊTE (à son neveu).

Approche, mon petit, malgré son air maussade,
Monsieur va, j'en suis sûr, te donner l'accolade,
Des bonbons, des joujoux et des tartes au lait.
Allons, va l'embrasser.

L'ENFANT.

    O mon Dieu ! qu'il est laid !

CHARLOT 3/6.

Sois tranquille, moutard, et respectant mon ordre,
Ne viens pas m'embrasser, car je pourrais te mordre.

Je le déclare net et haut : mon magasin,
Messieurs, n'appartiendra jamais à ce bambin.
L'héritier légitime a seul droit d'y prétendre,
Et quand je serai mort, lui seul viendra le prendre.

FORTBÊTE.

A qui destinez-vous ce magnifique lot?

CHARLOT 3/6.

Parbleu ! ça va sans dire : à mon fils, à Charlot.

FORTBÊTE *(bas à Gardaelle)*.

Pour un homme bien mis et de belle tournure,
Vous me faites là faire une sotte figure,
Et monsieur votre époux, quoiqu'il soit idiot,
Madame, vous et moi, nous berne comme il faut.

GARDAELLE *(bas à Fortbête)*.

A l'accroc que reçoit notre noble entreprise
Avant peu j'aurai fait une bonne reprise.
A moi fiez-vous en, et ne me quittez pas.

FORTBÊTE.

Je vous suis, trop heureux d'emboîter votre pas.
De vos admirateurs d'augmenter le grand nombre,
De vous suivre, en un mot, à l'égal de votre ombre;
Afin que le public qui nous voit tous les deux,
Unis par un destin prospère ou malheureux,
Puisse dire, admirant quel accord est le nôtre,
Que quand l'une paraît, on n'évite pas l'autre.

(*Pendant cet aparté entre Gardaelle et Fortbête, le petit garçon mange un gâteau, et Charlot, attablé avec Follette, s'est remis à jouer aux cartes*).

ACTE QUATRIÈME.

Même décoration qu'au second acte.

SCÈNE I.

GARDAELLE, FORTBÊTE, FOLLETTE *(assise dans le fond et raccommodant des bas)*.

FORTBÊTE.

Madame songez y : votre mari, tantôt,
M'a jouer un rôle effroyablement sot,
Repousser mon neveu ! menacer de le mordre !
Ah vraiment ! c'est horrible !

GARDAELLE.

      Il rentrera dans l'ordre.
Sa douceur ordinaire alors déménagea,
Mais je puis affirmer qu'il se repent déjà.
Fortbête, croyez-moi, déjà j'en suis certaine,
De son cœur de pigeon s'est envolé la haine.
Je serai la maîtresse ici, toujours, dût on,
Pour mâter mon mari, le mettre à Charenton.

FORTBÊTE.

Madame, je comprends qu'étant aussi jolie,
Vous puissiez, sans efforts, provoquer la folie.

GARDAELLE.

Sur mon débile époux je sais ce que je peux,
Et de sa tête enfin je fais ce que je veux.

FORTBÊTE.

Afin qu'à nos projets il soit plus accessible,

Nous pourrions essayer de le rendre insensible,
D'engourdir à la fois son esprit et sa chair.

GARDAELLE.

Et comment s'il vous plaît?

FORTBÊTE.

      En employant l'éther.
Ce moyen est puissant autant qu'il est rapide;
Par l'inhalation de ce léger fluide,
Le plus fort et le plus précieux des agens,
A leur insçu, madame, on dissèque les gens.

GARDAELLE.

Que me dites-vous là?

FORTBÊTE.

     Nos dents sont arrachées,
Nos bras sont abattus, nos jambes détachées,
Sans que, grace à l'éther et son heureux effet,
Nous puissions nous douter des farces qu'on nous fait.

GARDAELLE.

J'admire, comme vous, ces belles entreprises,
Mais elles pourraient bien nous conduire aux assises...
Je crois qu'avec Charlot, employant mon grand air,
Je saurai l'engourdir aussi bien que l'éther.
  (à Follette).
Allez me le chercher.

FOLLETTE.

    Madame, s'il refuse?...

GARDAELLE.

Un pareil procédé resterait sans excuse.
Dites-lui que c'est moi qui l'attends en ces lieux,
Moi, sa femme; allez donc. Il serait curieux
Qu'il osât résister...

FORTBÊTE.

    Pardon, ne vous déplaise,
Madame, avez-vous lu l'article deux cent treize?

GARDAELLE.

Eh oui! je le connais assez pour le haïr.

FORTBÊTE.

La femme, selon lui, doit toujours obéir,
Et son texte formel n'admet point d'équivoque.

GARDAELLE.

De cet article là, Fortbête, je me moque.
Les hommes, je le sais, très-peu galans parfois,
Au scrutin, contre nous décrètent lois sur lois,
Mais leur iniquité n'a rien qui me retienne;
Ce qu'ils font dans leur chambre est défait dans la mienne,
Car leur code nommé *civil*, en vérité,
N'est qu'une œuvre de force et d'*incivilité*.
Or, sans que plus longtemps l'on tarde et l'on raisonne:
Que Charlot vienne enfin, je le veux, je l'ordonne.
  (*à Follette*).
J'entends qu'à l'instant même on me l'amène ici.
          (*Follette sort*).

SCÈNE II.
Les précédens, CHARLOT 3/6.

CHARLOT 3/6.

Mon Dieu! pas tant de train, madame, me voici.

FORTBÊTE.

De l'outrage public dont j'ai goûté la honte,
Vous allez, sur-le-champ, monsieur, me rendre compte.

CHARLOT 3/6.

C'est à vous, qui mettez le trouble en ma maison,
Impertinent brasseur! à me faire raison.

FORTBÊTE.

Astucieux vieillard ! il faut que je te cogne.

GARDAELLE.

Vous vous battrez demain, mais au bois de Boulogne.
Si j'en crois les on dit, c'est dans ce lieu charmant
Que les gens comme il faut s'égorgent poliment.
Mais, répondez, Charlot, pourquoi ce coup de tête,
Et cet affront mortel à notre ami Fortbête ?

CHARLOT 3/6.

Vous ! prendre sa défense ! ah ! j'en suis indigné !

GARDAELLE.

Lisez donc cet écrit que vous avez signé,
Et refoulant l'injure au fond de votre bouche,
Reconnaissez vos traits à ces pattes de mouche !

CHARLOT 3/6.

Mon seing que l'on surprit au bas de ce papier,
A l'égard d'un fripon ne saurait me lier.

GARDAELLE.

Il consacre des droits réels et légitimes.

FORTBÊTE.

L'acte est écrit sur timbre à trente-cinq centimes.
Et je l'ai, ce matin, soumis, très prudemment,
A la formalité de l'enregistrement.

CHARLOT 3/6.

Va donc en rechercher l'exécrable modèle !
Car je vais le brûler...

FORTBÊTE.

   Comment?

CHARLOT 3/6.

      A la chandelle ;

Puisqu'en proie aux douleurs dont on se fait un jeu,
Pour me chauffer les pieds je n'ai pas d'autre feu.
Je me ris à présent de toi, vilain bélitre,
Car pour me harceler, ta main n'a plus de titre.
Cet acte, dans la mienne, aujourd'hui retombé,
Regarde-le, Fortbête, il flambe, il est flambé.

FORTBÊTE.

Ah ! tout autre que moi lui casserait la tête !

GARDAELLE.

Agir ainsi, monsieur, c'est horriblement bête ;
C'est l'action d'un fou que son transport fatal
Doit faire, sur-le-champ, conduire à l'hôpital.

CHARLOT 3/6.

Oui, la Salpétrière en ce jour me réclame !
Je suis fou, n'est-ce pas ? ah ! c'était bien, madame,
Quand je vous épousai, que ce nom m'était dû.
Oui, j'avais le cerveau complètement perdu,
Quand des plus doux appas admirant le modèle,
Je crus trouver en vous une épouse fidèle.
Oui, j'étais fou, bien fou, lorsqu'après mon hymen,
Je permis que Monsieur vînt me serrer la main,
Et s'unissant à vous dans des projets coupables,
Me jouât, à mon nez, des tours abominables ;
Des tours à provoquer un débat solennel
Devant le tribunal dit correctionnel.
Mais un pareil fracas ne ferait point mon compte,
Car, après l'accident, j'endosserais la honte,
Et je veux aujourd'hui qu'en quittant ma maison,
Vous voyiez, palsambleu ! que j'ai bien ma raison !

GARDAELLE (à part).

Tu la perdras bientôt.

FORTBÊTE.

    Que monsieur réfléchisse.

CHARLOT 3/6.

Tout est bien réfléchi : je veux qu'on déguerpisse !
Filez ! ou vous faisant appréhender au corps,
J'ordonne à mes garçons de vous camper dehors,
Ce qui chiffonnerait la brillante toilette
Que, pour d'autres que moi, ce soir, madame a faite.

FORTBÊTE (*à Gardaelle*).

Voyez comme il est rouge !

GARDAELLE.

A minuit, vieux homard,
Tu te tortilleras sous un fier cauchemar.

CHARLOT 3/6.

Détalez, s'il vous plaît !

(*Gardaelle et Fortbête sortent*).

SCÈNE III.
CHARLOT 3/6, FOLLETTE.

CHARLOT 3/6.

Ah ! te voilà, Follette.

FOLLETTE.

Du bruit que vous faisiez j'étais toute inquiète.
Leur colère, monsieur, ne la craignez-vous pas ?

CHARLOT 3/6.

Je les ai, par ma foi ! traités du haut en bas.

FOLLETTE.

Oui, vous leur avez fait une rude algarade.

CHARLOT 3/6.

Parle moi de mon fils, de ce cher camarade.
Il viendra donc ce soir ?

FOLLETTE.

A minuit moins un quart.

CHARLOT 3/6.

Pour moi, vieux couche-tôt, c'est peut-être un peu tard;
Ici, de meilleure heure, il aurait dû se rendre.
N'importe! je prendrai du café pour l'attendre.
Ah! pour moi quel bonheur de l'avoir pour appui!
De pouvoir bravement m'esquiver avec lui!
Car, une fois ensemble, ô ma chère Follette!
Nous prendrons, tous les trois, la poudre d'escampette.

FOLLETTE.

Modérez cette ardeur, cette agitation,
Qui pourraient vous causer une indigestion.

CHARLOT 3/6.

Chasse de ton esprit une peur ridicule.
Tiens, je me sens, ce soir, la vigueur d'un Hercule.

FOLLETTE (à part).

Charmante illusion!

CHARLOT 3/6.

   Du signal convenu
Je me souviens.

FOLLETTE.

  Vraiment?

CHARLOT 3/6.

    Mon fils étant venu,
Un instrument qu'on nomme orgue de barbarie,
M'annoncera d'abord sa présence chérie.

FOLLETTE.

Puis après?..

CHARLOT 3/6.

   Puis après, entonnant un solo,
Toi, tu lui chanteras l'air de *Fra-Diavolo*.

FOLLETTE.

Mais lequel?

CHARLOT 3/6.

Eh parbleu ! la romance adorable
Commençant par ces mots : *L'instant est favorable.*

FOLLETTE.

C'est bien ça. Mais avant d'abandonner ce lieu,
Vous ne feriez pas mal de roupiller un peu.
Amassez, croyez-moi, des forces pour la fuite,

CHARLOT 3/6.

Eh bien ! chante, et je vais m'endormir tout de suite.
A ta voix, le sommeil obéit sans effort.

FOLLETTE (*chante*).

Dodo l'enfant do...

Bon, le voilà qui baille.

L'enfant dormira tantôt,
Dodo l'enfant do,

Il s'étend !

L'enfant dormira tantôt.

Il s'endort.

Il ronfle.. ô des dormeurs admirable modèle !
De crainte d'incendie, éteignons la chandelle,
Et gardant mon honneur d'un mot compromettant,
Rejoignons sans délai madame qui m'attend.

(*Elle sort*).

SCÈNE IV.

CHARLOT 3/6, puis QUATRE SPECTRES.

CHARLOT 3/6 (*s'éveillant*).

Dieu ! qu'est-ce que j'entends ! quelle horrible musique !
Que vois-je, juste Ciel !

PREMIER SPECTRE.

La lanterne magique,
La pièce curieuse...

CHARLOT 3/6.

O Charles! mon patron !
Je n'ose regarder...

PREMIER SPECTRE.

Tu n'es qu'un vieux poltron.

DEUXIÈME SPECTRE.

Moi qui mourais de soif un jour de canicule,
Et que tu fis chasser de chez toi, sans scrupule,
Faute d'avoir trois sous pour te pouvoir payer,
Me reconnais-tu, dis?

CHARLOT 3/6.

Je ne puis le nier.
Ah! je sens que la peur me talonne et me gagne!..

TROISIÈME SPECTRE.

Moi qui voulais chez toi m'abreuver de Champagne,
Et que tu renvoyas sottement enivré
Par la lourde vapeur d'un ignoble poiré,
Me reconnais-tu, dis?

CHARLOT 3/6.

Oui, monsieur, c'est vous-même;
Je vous reconnais bien à votre face blême.

TROISIÈME SPECTRE.

Et si je suis si pâle, à qui la faute?

CHARLOT 3/6.

A moi.
Pitié! mes bons messieurs! je vais mourir d'effroi!

QUATRIÈME SPECTRE.

Et moi, qui te surpris alongeant, sans vergogne,
Avec de l'eau de puits un excellent Bourgogne,
Me reconnais-tu, dis?

CHARLOT 3/6.

Dans ma cave, en effet,
Vous avez découvert mon horrible forfait.
Pardon! je m'en repents.

QUATRIÈME SPECTRE.

D'un coupable mélange,
L'Enfer, en ce moment, te punit et nous venge,
Et ton fils, cet objet de prédilection,
Mettra bientôt le comble à ta damnation.

CHARLOT 3/6.

Comment?

PREMIER SPECTRE.

En te donnant de l'eau pour tout breuvage.

DEUXIÈME SPECTRE.

En te désaltérant aux bords seuls du rivage.

TROISIÈME SPECTRE.

En ne permettant pas, vieux filou, vieux gredin!...

QUATRIÈME SPECTRE.

Que tu boives jamais une goutte de vin!

(Ils disparaissent)

CHARLOT 3/6.

Je ne résiste point à cette horreur profonde!
A moi, Follette! à moi! fais lever tout le monde!
Mon fils est le plus grand des coquins, des pendards!
Il m'interdit à moi....

FOLLETTE.

Quoi?

CHARLOT 3/6.

Le lait des vieillards.
Il ne veut pas, ce gueux, ce tartufe exécrable,
Que je boive du vin!

GARDAELLE.

     Son crime est effroyable !
Vous devez l'en punir.

CHARLOT 3/6.

     Chargez-vous de ce soin.

FOLLETTE.

Pauvre Charlot ! hélas ! encore du tintouin.
Grace à son cauchemar, cette vieille pécore
Nous fait dans le gâchis repatauger encore.

CHARLOT 3/6.

Par ce fils criminel, père dindon séduit,
Je devais de ces lieux dénicher cette nuit.
    (*On entend un orgue de Barbarie*).
Entendez-vous un orgue ?

FORTBÊTE.

   Oui.

CHARLOT 3/6.

     Ce son nous l'annonce,
Et Follette lui doit envoyer pour réponse,
En ouvrant la fenêtre, une vieille chanson
Qui le fera venir jusques dans la maison.

GARDAELLE.

Follette, allons venez vous blottir dans cet angle,
Et chantez sans retard.

FOLLETTE.

    Que le diable m'étrangle,
Si je chante !

FORTBÊTE.

 Chantez !...

CHARLOT 3/6.

    Veux-tu bien m'obéir !

FOLLETTE.

Je ne chante, monsieur, que pour vous endormir.

CHARLOT 3/6.

Si tu ne chantes pas, je te flanque à la porte.

FOLLETTE.

Eh bien ! flanquez y-moi.

GARDAELLE

La fureur me transporte !
Quelle est cette chanson ?

CHARLOT 3/6 (*cherchant à se la rappeler*).

Tra la, la, la, la, la...

GARDAELLE.

C'est de *Fra-Diavolo* ; je la sais, la voilà ;

(*Elle chante*).

L'instant est favorable,
Ami, n'entends-tu pas ? etc.

FORTBÊTE.

Il monte l'escalier !...

CHARLOT 3/6.

Évitant la chicane,
Sans perdre une seconde, enlevez-lui sa canne.

SCÈNE VI.
Les précédens, CHARLOT.

CHARLOT (*entrant avec précipitation*).

Mon père !

CHARLOT 3,6.

Ah! tu voulais, brigand! me mettre à l'eau!
Qu'on le plonge à l'instant dans le plus noir caveau!
Mais tu me prenais donc pour une vieille cruche?...

CHARLOT.

Ainsi l'on me tendait une effroyable embûche!

GARDAELLE et FORTBÊTE.

Victoire!

CHARLOT.

Trahison!

FOLLETTE (*bas à Charlot*).

Toi, cesse de crier,
Espère, et rira bien qui rira le dernier.

ACTE CINQUIÈME.

Même décoration qu'à l'acte précédent.

SCÈNE I. *(il fait nuit).*

GARÇONS TONNELIERS.

UN GARÇON TONNELIER.

Dans ce lieu fort peu sûr, habiles à nous rendre
Nous nous ennuyons fort : Charlot se fait attendre.
Toi, dont la voix, dit-on, est l'honneur du lutrin,
Tonnelier, chante nous quelque joyeux refrain.

DEUXIÈME GARÇON TONNELIER.

Air : *Ma commère quand je danse.*

Le chien de Jean de Nivelle
Est un mauvais gardien ;
A son maître, peu fidèle,
Il rend le mal pour le bien ;
    Il ne le suit
    Ni jour ni nuit,
Et s'il entend qu'on l'appelle,
Le drôle aussitôt s'enfuit.

CHOEUR.

Il ne le suit, etc.

Le chien de Jean de Nivelle
N'est-ce pas ce tapageur
Qui partout cherchant querelle,
Fait le brave et le rageur ;
    Mais si le bruit
    Qui le séduit
Au vrai champ d'honneur l'appelle,
Le drôle aussitôt s'enfuit.

CHOEUR.

Mais si le bruit, etc.

Le chien de Jean de Nivelle
C'est encor ce faux ami
Qui, près de fortune belle,
N'est pas flatteur à demi ;
 Mais si péril
 Gloire ou crédit,
Le malheur envain l'appelle ;
Le drôle aussitôt s'enfuit.

  CHOEUR.

Mais si péril, etc.

Le chien de Jean de Nivelle
C'est bien cet amant trompeur,
Dont une crédule belle
A fait trop tôt le bonheur.
 Ce qu'il a dit,
 Ce qu'il promit
Envain on le lui rappelle,
Le drôle à jamais s'enfuit.

  CHOEUR.

Ce qu'il a dit, etc.

  PREMIER GARÇON TONNELIER.

Merci, cher compagnon ; j'aime ta chansonnette.
Mais avec son papa, voici venir Follette.

SCÈNE II.
Les précédens, BOITDUBON, FOLLETTE,

  PREMIER GARÇON TONNELIER.

Eh bien ! que fait Charlot ? que nous ordonne-t-il ?

  BOITDUBON.

Ah ! ce pauvre garçon est dans un grand péril ·
Son père, des brasseurs redevenant esclave,
Et plus fou que jamais, l'a fait jeter en cave.

  PREMIER GARÇON TONNELIER.

En cave ! lui ! Charlot ! j'en reste confondu !

FOLLETTE.

Alors, allons-nous-en ; tout espoir est perdu.
Pas encore, messieurs, vous savez que mon père
Des clés de ces caveaux est seul dépositaire :
Il nous les ouvrira ; tous nous y descendrons ;
Viennent nos ennemis, là, nous les guetterons,
Et choisissant l'instant où leur troupe sans craintes,
Du bon vin de Charlot videra quelques pintes,
Nous tomberons sur eux, nous les accablerons ;
Par nos cris, par nos coups, nous les étourdirons ;
Enfin, chacun de nous à les chasser habile,
Leur administrera la plus fameuse pile !...
Est-ce dit ?

TOUS.

Adopté !

FOLLETTE.

Voici, moment bien doux !
L'heure de nous montrer ; mais d'abord cachons-nous.

(Ils descendent dans les caves).

SCÈNE III.

CHARLOT 3/6, GARDABELLE, CHARLOT, FORTBÊTE,
Suite portant l'enseigne de Charlot, qui, en forme de bannière, représente une tête de cerf.

CHARLOT 3/6.

Où me conduisez-vous ? que faut-il que je craigne ?
Pourquoi, dans cette salle, apporter mon enseigne ?

GARDABELLE.

Pour la transmettre aux mains de Fortbête, aujourd'hui,
Votre sûr protecteur, votre fidèle appui.
Mes raisons par vous-même ont été bien comprises.

CHARLOT.

N'écoutez pas, mon père ; on vous dit des bêtises ;

De me déshériter vous auriez du regret,
Vous vous repentiriez.

CHARLOT 3,6

    Tais-toi, mauvais sujet !
A ma succession, dont tu te faisais fête,
Il te faut renoncer devant moi.

CHARLOT.

      Pas si bête !
Privez-moi de vos biens par votre entêtement,
Soit, papa ; mais non pas de mon consentement ;
Car si je dois subir cette avanie extrême,
Ce ne sera, mordieu ! qu'en dépit de moi-même.

CHARLOT 3,6.

Il le faut cependant, je le veux.

CHARLOT

     Allons donc !

CHARLOT 3,6.

Alors j'aurai recours à ma canne de jonc...

FORTBÊTE.

La voici ; tapez ferme.

SCÈNE IV.

Les précédens, BOITDUBON, FOLLETTE *et les* GARÇONS TONNELIERS *faisant irruption par une trappe de la cave.*

BOITDUBON, FOLLETTE ET TOUS LES OUVRIERS.

    Arrière ! arrière ! arrière !

BOITDUBON.

Marchands de vin ! tombons sur ces faiseurs de bière !

CHARLOT 3,6.

De mes terreurs, grand Dieu! je ne suis pas au bout!
Point de bataille ici! Vous allez cassez tout.
Ce spectacle infernal m'ahurit et me tue.
Allez, si vous voulez, vous battre dans la rue.

(Fortbête et ses garçons sortent en menaçant).

Follette! est-ce bien toi que je retrouve ici?

FOLLETTE.

Pour vous sauver encore, oui, maître, me voici.
(A Charlot).
Avec votre bon père, allons, rentrez en grace.

CHARLOT 3,6.

Elle a, ma foi! raison; viens que je te r-embrasse.

CHARLOT.

Vous ne changerez plus pour moi, j'en ai l'espoir.

CHARLOT 3,6.

Non, car pour en finir, je vais mourir ce soir.

CHARLOT.

J'ose espérer que non.

CHARLOT 3,6.

      Si fait. Pour vous, madame...

GARDAELLE.

Épargne-moi, Charlot; je ne suis plus ta femme,
Car demain, je t'attaque en séparation.

(Elle sort).

CHARLOT 3,6.

Et je n'y mettrai pas, certe, opposition.
Cette désunion du bonheur est le gage,
Et rétablit enfin la paix dans mon ménage.

(Il unit les mains de Charlot et de Follette).

TOUS.

Vive papa Charlot!

CHARLOT 3/6.

Et des marchands de vin,
En chœur, mes chers amis, répétons le refrain.

CHARLOT 3/6, CHARLOT, FOLLETTE, BOITDUBON.

La France a l'horreur d'un breuvage
Qui se compose avec de l'eau.
Jamais nous ne ferons usage
Que du jus divin du tonneau,
Lui seul est bon, lui seul est beau.
Vienne le jour de la bombance
Des nos cœurs ce cri sortira,
De nos gosiers il partira :
Guerre aux brasseurs ! jamais dans notre panse,
Jamais la bière n'entrera ;
Vive le vin ! jamais, jamais en France,
Jamais le vin ne manquera !

CHŒUR.

Guerre aux brasseurs ! etc.

AMIENS, IMP. DE E. YVERT.

Contraste insuffisant

NF Z 43-120-14

www.ingramcontent.com/pod-product-compliance
Lightning Source LLC
LaVergne TN
LVHW022113080420
835511LV00007B/1037